playmobil®

HORSES OF Waterfall

THiLO

Ein starker Auftritt

Mit Illustrationen von

Anna-Lena Kühler

SCHNEIDERBUCH

CAFE
Café

SALOON

Die Figuren

Kira ist 7 Jahre alt. Sie wäre gern so eine tolle Springreiterin wie ihre große Schwester Zoe. Dafür übt sie fast täglich. **Lemon** (sprich: Lem-men) ist ein Shetland-Pony. Genau wie Kira ist er verspielt und neugierig.

Ava (sprich: Äi-wa) träumt davon, vor Publikum aufzutreten. Sie liebt den Applaus! Ihr Liebling **Dreamer** (sprich: Drie-mer) weiß genau, was er will – nicht immer das, was Ava möchte …

Luke (sprich: Luuk) ist ein guter Freund von Kira und Ava. Auch

mit **Lana und Calvin** (sprich:

Käl-win) reitet er gern auf der Waterfall Ranch (sprich:

Wor-ter-forl Ränsch) – am liebsten auf **Shooting Star** (sprich: Schuting Star).

Joanna (sprich: Tscho-än-na) leitet eine mobile Pony-Reitschule. Mit

ihrem Wagen und den süßesten Ponys der Welt besucht sie oft die Waterfall Ranch.

Phil ist der neue Besitzer der Ranch. Er hat seine Tierarzt-Praxis auf dem Hof. Mit seinem Therapie-Pferd hilft er auch kranken Menschen.

Kira ist aufgeregt

Endlich beginnen die Ferien!
Schon ganz früh am Morgen kommt
Kira zur Waterfall Ranch.
Die Sonne ist gerade erst aufgegangen.

Kira wartet und wartet.
Mit der Zeit erscheinen auch
die anderen Reitschüler.
Lana säubert den Waschplatz,
Luke stapelt Strohballen.
Und Kiras Freundin Ava füllt schon
einmal den Eimer mit Futter.

„Sag mal, bist du aus dem Bett gefallen?“, fragt Ava.
Kira antwortet ihr nicht.
Denn sie hört schon ein leises Brummen.
Gleich ist es so weit!

Eine Minute später biegt die mobile Reitschule von Joanna um die Ecke. Winkend stoppt die Reitlehrerin auf dem Hof.

Lana öffnet den Wagen
und lässt die Rampe herunter.
Übermütig springen zwei Ponys
auf den Weg.

Als Letztes streckt Lemon seinen Kopf
aus dem Wagen.
Kiras Herz schlägt gleich höher.
Lemon ist Kiras absoluter Liebling.
Das Shetland-Pony schaut sich
auf dem Platz um.

Plötzlich trabt Lemon flott
über den Hof.
Er hat den Eimer mit Futter
in Avas Hand entdeckt.
Bei ihr angekommen, schnappt sich
das Pony eine saftige Möhre.

„Hey“, schimpft Ava zum Spaß ein bisschen. „Die war für Dreamer!“
Lemon wiehert.
Es sieht fast wie Lachen aus.

Jetzt muss Kira auch lachen.
Lemon ist einfach zu süß!
Schnell wie der Wind läuft sie
zu den beiden hinüber.
Die Ferien fangen so super an,
wie sie gehofft hatte!

Ein großer Traum

Zuerst begrüßen auch Ava und Luke
ihre Ponys.
Dann setzen sich alle
im Kreis auf eine Wiese.
„Wenn ihr mich braucht, ruft mich“,
sagt Joanna und geht.
Sie besucht Phil in seiner Praxis.

„Leute“, beginnt Kira feierlich.
„Bis zum Wochenende haben wir noch eine Menge zu tun.“
Dann findet nämlich ein Turnier für Ponys statt.
Hier, auf der Waterfall Ranch.

„Ich freue mich soooo unendlich darauf“, erklärt Ava.
„Mein größter Traum ist es, vor Publikum aufzutreten!“

„Also! Los geht's!", ruft Kira.
Die Freunde bereiten alles vor.
Die Ponys sollen nicht nur über
niedrige Büsche springen.
Auch aus ein paar langen Ästen
werden Hindernisse.

Joanna erlaubt ihnen sogar,
ein Hindernis mit Stangen aufzubauen.
Das ist eigentlich
für große Pferde gedacht.

Kira und Ava schleppen dafür
zwei Stangen zum Reitplatz.
Sie legen sie übereinander.
„Das schafft Lemon locker!“,
glaubt Kira.

Nach dem Mittagessen harken
Luke und Lana den Reitplatz.
Dann bekommt jedes Hindernis
eine Nummer.

„Jetzt musst du uns helfen“,
verkündet Ava.
Dreamer weiß gleich,
dass er gemeint ist.

Geduldig lässt sich Dreamer vor die kleine Kutsche spannen.
Ava hockt sich auf den Bock.
Kira, Calvin und Lana steigen hinten ein.

Nun wäre es toll,
einen Ausritt zu machen.
Aber dafür haben sie in dieser Woche
keine Zeit.

Auf dem Reitplatz
lässt Ava ihr Pony anhalten.
Neben dem Zaun
stellen sie die Kutsche ab.
Die wird später zur Tribüne.
Der Reitplatz sieht nun
richtig festlich aus.

Aber können die Ponys die Aufgaben auch schaffen?
„Das werden wir gleich wissen!“, ruft Kira fröhlich.
Und schon schwingt sie sich auf Lemons Rücken.

Ruhig wärmt sie das Pony auf.
Lemon ist genauso gespannt wie sie.
Das spürt Kira.
Trotzdem traben sie zuerst
ein paar Runden über die Koppel.

Nun wird es ernst.
Die ersten Hindernisse schafft Lemon
ohne Mühe.
Dann nimmt er Anlauf …
… und springt über die zwei Stangen.
Beide bleiben liegen. Juhu!

Die Spannung steigt

Als Zweites probieren Lana
und Silver ihr Glück.
Am Anfang scheut das Pony
ein bisschen.
Gleich vor dem ersten Hindernis bleibt
es stehen.

„Alles gut, mein Süßer!“, sagt Lana.
Sanft klopft sie Silvers Hals.
Dann probieren sie es noch einmal.

Als das Pony über einen Busch springt,
klatschen alle.
Gut gelaunt wirft es
den Kopf in den Nacken.

Auch die nächsten Hindernisse klappen.
Dann kommt der Abschluss.
Lana nimmt Anlauf.
Shooting Star springt ab –
und die Stangen bleiben liegen!

„Bravo!“, jubelt nun auch Joanna.
Die Reitlehrerin ist sehr stolz
auf ihre Schüler.
Das kann jeder sehen.
„Jetzt Ava und Dreamer!“,
ruft Joanna.

Kira blickt zu ihrer Freundin.
Ava lächelt verkniffen.
Sie hat Dreamer sehr lange
warm gemacht.
Nun trabt sie auf den Platz.

„Ich … ich hoffe, es klappt“,
stammelt Ava.
Zuerst reitet sie
einen weiten Bogen.
Dann lenkt sie Dreamer
zum ersten Hindernis.

Kira drückt ihrer Freundin
ganz fest die Daumen.
Und es hilft!
Dreamer fliegt nur so
über den Busch.

Auch Hindernis Nummer 2, 3 und 4
meistern die beiden.
Ava kann endlich wieder
richtig lächeln.

Jetzt fehlt nur noch
das letzte Hindernis.
Werden die Stangen liegen bleiben?
Ava beißt sich vor Spannung
auf die Lippen.

Dreamer läuft los.
Aber vor dem Hindernis stemmt das Pony seine Hufe in den Boden.
Noch zweimal probiert es Ava.
Doch Dreamer verweigert weiterhin.

Eine verrückte Idee

Ava ist mehr als nur traurig.
Richtig geschockt springt sie
aus dem Sattel.
Ohne sich um Dreamer zu kümmern,
rennt sie davon.

Lana fängt Dreamer ein
und streichelt ihn.
Kira aber läuft
ihrer Freundin hinterher.

Sie findet Ava am Waschplatz.
„Ist doch nicht so schlimm!“,
versucht Kira sie zu trösten.
Ava aber schüttelt den Kopf.
„Mein Traum ist geplatzt“,
schluchzt sie.
„So kann ich nicht auftreten!“

Kira nimmt Ava fest in den Arm.
„Jedes Pferd ist anders“, sagt sie.
„Und Dreamer ist eben ein Dickkopf,
genau wie du.“
Da muss Ava lachen.

„Du hast recht“, gibt Ava zu.
„Und jetzt entschuldige ich mich bei Dreamer.“
Zusammen gehen die Freundinnen zurück zum Reitplatz.

Sofort kommt Dreamer angelaufen.
Obwohl Ava ihn allein gelassen hat,
wiehert er fröhlich.
Ava schmust mit ihm.

Dann aber muss Ava doch
ein bisschen schimpfen.
„Drei Mal habe ich es versucht!“,
ruft sie.
Dabei tritt sie drei Mal
gegen eine Kiste.

Und was macht Dreamer?
Er hebt den Huf
und tritt auch gegen die Kiste.
Drei Mal, so wie Ava!

Kira, Lana, Joanna
und die anderen staunen.
In diesem Moment hat Kira eine Idee.
„Wer sagt denn, dass Turniere immer
so unglaublich ernst sein müssen?“

Dreamer, das Wunderpony

Damit viele Zuschauer kommen,
malen die Freunde Plakate.
Noch am gleichen Tag
werden diese überall in der Stadt
aufgehängt.

Am wichtigsten aber ist
natürlich das Üben.
Den Rest der Woche geben Kira
und die anderen ihr Bestes.
Die Ponys sowieso.

Am Samstag sind alle Plätze
rund um den Reitplatz besetzt.
Luke, Lana und vor allem Ava
sind furchtbar aufgeregt.
Kira wünscht ihnen viel Glück.
Dann nimmt sie das Mikrofon.

„Willkommen zu unserer ganz
besonderen Show!“,
verkündet Kira.
Hinter ihr macht Lana gleich eine Rolle.
Auf dem Rücken von Shooting Star!

Nach ihr sind Luke
und Shooting Star dran – und ein Ball.
Luke stellt sich als Torwart
zwischen zwei Pfosten.
Aber Shooting Star stupst den Ball
an ihm vorbei. Tor!

Die Zuschauer lachen und klatschen.
Endlich ist Kira an der Reihe.
Sie reitet mit Lemon über den Platz.
Ihr Pony springt locker
über jedes Hindernis.

„Zum Abschluss sehen Sie Ava und
Dreamer, das Wunderpony!“,
ruft Kira außer Atem.
Für den Auftritt legt sie mit Luke
die Stangen noch höher übereinander.

Ava trabt auf das Hindernis zu.
Die Zuschauer halten die Luft an.
Noch drei Schritte, noch zwei. Jetzt
müsste das Pony abspringen!
Doch da bleibt Dreamer stehen
und schüttelt den Kopf.

Ava rutscht aus dem Sattel.
„Wir haben das doch drei Mal geübt!“,
schimpft sie.
Dabei tritt sie drei Mal
gegen die Kiste.
Dreamer klopft mit seinem Huf
auch drei Mal dagegen.

Ava versucht, ernst zu bleiben.
„Muss man dir alles fünf Mal sagen?“,
ruft sie empört.
Doch ihr Ärger ist nur gespielt.
Nun tritt sie fünf Mal
laut gegen das Holz.
Dreamer macht es nach:
Tack, tack, tack, tack, tack.

Die Zuschauer klatschen begeistert.
Dreamer und Ava sind
DIE Stars der Show!
Ein zählendes Pony
hat noch niemand gesehen.
Glücklich bedankt Ava sich
bei Kira für die tolle Idee.

„Nicht jedes Pony will springen“,
ruft Kira ins Mikro.
„Doch alle haben ihre Stärken.
Und jedes Pony ist auf seine Weise
besonders!“
Da flüstert Ava ihrem Dreamer ins Ohr:
„Und du bist besonders besonders!“